DIESES BUCH GEHÖRT:

_____

1. Auflage 2015
© Ueberreuter Verlag GmbH, Berlin 2015
ISBN 978-3-7641-5060-0

Herausgeberin: Kathrin Köller
Idee & Text: Kathrin Köller
Umschlag- und Innenillustrationen: Julia Dürr
Grafikdesign und technische Umsetzung: finedesign – Büro für Gestaltung, Berlin
Druck und Bindung: Factor-Druk, Kharkiv

Fotonachweis:

Shutterstock: © siloto (S. 12), © Paper Dream (S. 13 oben, Mitte und unten, S. 42), © Paulo M. F. Pires (S. 22 oben), © Yuriy Kulik (S. 22 unten), © Wasant (S. 23 oben, S. 43), © Tobias Arhelger (S. 23 unten), © Four Oaks (S. 26 unten), © Elena Schweitzer (S. 28 oben), © Hung Chung Chih (S. 28 unten), © Marek R. Swadzba (S. 29 unten), © Verkhovynets Taras (S. 36 oben), © Marijus Auruskevicius (S. 36 unten und S. 43 unten rechts), © Yermolov (S. 37 unten), © Aitormmfoto (S. 38 und S. 43 unten links), © Taras Vyshnya (S. 41)

Fotolia: © von Lieres (S. 24, 25 und 27), © CSschmck (S. 39 oben)

iStockphoto: © fotonehru (S. 10 und 11), © ollo (S. 26 oben, S. 27 oben und Mitte), © fotokostic (S. 29 oben), © anandoart (S. 36 Mitte), © fotokon (S. 37 oben), © opraistock (S. 37 Mitte), © AlexD75 (S. 39 unten)

Übrige: © Andreas Mühlbauer-Drachenstich-Festspiele (S. 31 oben und unten)

www.ueberreuter.de

LESEFORSCHER A
entdecken – staunen – lesen lernen

Kathrin Köller

Feuer!

Vulkane, Drachen und andere Feuerspucker

Mit Illustrationen von Julia Dürr

Filu
LESE-
FORSCHER

FEUER-
LÖSCHER

ueberreuter

HIER KOMMT FILU!

Einsatzort: Feuer!
Papa sagt, Feuer ist **gefährlich**.
Das stimmt. Aber je mehr ich weiß,
desto besser kann ich mich schützen.
Und Feuer ist so spannend!

Inhalt

Der Fenchel und das Feuer   **10**

In der Steinzeit   **12**

Eine Dose Feuer   **14**

Anleitung für ein Lagerfeuer   **18**

Feuer löschen   **20**

112 – Bei der Feuerwehr   **24**

Feuertiere   **28**

Vulkane   **32**

Wunder Feuer   **36**

Das große Finale   **38**

Das große Feuer-Quiz   **42**

Leseforscher-Urkunde Feuer   **44**

NACHTFENSTER

＊
TAG-
FENSTER

Das ist mein **Spezial-Raumschiff**.
Mit allem, was man für **Forscher-Reisen** braucht.
Unbedingt mit dabei: Der **Schornsteinfeger**,
der bringt Glück! Hier ist er ja, mein Reiseplan.

Steinzeit – Gab es da schon Feuer?
Feuerwehr – Super. Ich wollte immer
schon mal einen echten **Feuerwehrmann**
treffen. **Vulkan** – Toll. **Hoffentlich** bricht
er nicht aus.

Und du, kleiner Drache, willst du auch mit? Aber nur, wenn du mir **versprichst**, kein Feuer zu spucken. Rein mit dir.

Hurra, es geht los. Alle Feuer-Forscher an Bord!

9

Der Fenchel und das Feuer

Das war so eine Geschichte. Ich habe Zeus, den obersten Gott, wütend gemacht. Zur Strafe nahm er den Menschen das Feuer weg.

Und was hast du dann gemacht?

Ich riss einen Riesenfenchel aus. Dann hielt ich ihn in das Feuer des Sonnenwagens, der gerade vorbeifuhr. Damit brachte ich den Menschen das Feuer zurück.

Riesenfenchel, Sonnenwagen? Keine schlechte Geschichte. Aber ich fahre jetzt zu einem echten Feuer-Forscher. Vielleicht kriege ich da noch mehr über das Feuer raus.

Hey. Willst du nicht noch hören, wie die Geschichte zu Ende geht?

In der Steinzeit

Blitze oder Waldbrände:
Feuer gibt es schon immer auf der Welt.
Aber die ersten Menschen wussten
nicht, was sie damit machen sollten.
Für sie war Feuer eine große
Bedrohung.
Vor **ungefähr** einer **Million**
Jahren entdeckten sie dann,
wofür das Feuer gut ist.
Seitdem wollten sie es immer
in der Nähe haben.

Mit Feuer konnten sie wilde Tiere fernhalten.

Endlich kochen! Bis zur Entdeckung des Feuers gab es nur **Rohkost**.

Feuer war die erste Heizung der Menschen. So konnten sie auch kältere Teile der Welt entdecken.

Am Anfang durfte das Feuer nicht ausgehen. Denn die Menschen wussten noch nicht, wie man es wieder anmacht.

Eine Dose Feuer

Wow, ich bin in einem Feuer-Labor. Mit einem Feuer-Forscher. Kannst du mir zeigen, was Feuer **eigentlich** ist?

Na klar. Aber setz mal deine **Feuerschutzbrille** auf. Es wird heiß und rauchig.

Krass. Darf ich etwas Feuer mitnehmen? Als Andenken. Guck mal. Ich habe schon eine Flasche Wasser und eine Dose Erde.

Feuer kannst du nicht in eine Dose packen, Filu. Klar, das wäre echt praktisch, wenn du ein Lagerfeuer machen willst. **Machst** du **schnell** mal ein oder zwei Dosen Feuer auf. Geht aber leider nicht.

Und wieso nicht?

Wenn du Feuer in eine Dose **packst**, kriegt es keinen **Sauerstoff** mehr. Und dann geht es aus.

Was ist dieser saure Stoff?

SAUERSTOFF HITZE z.B. HOLZ

Sauerstoff, nicht saurer Stoff.

Komm mal mit.

Wenn drei sich treffen!

Sauerstoff ist in der Luft. Menschen, Tiere und Pflanzen brauchen Sauerstoff zum Atmen. Feuer braucht Sauerstoff zum Brennen.

Die **Hitze** und der Sauerstoff zusammen entzünden die Brennstoffe.

Es gibt viele verschiedene **Brennstoffe**. Zum Beispiel Holz, Erdöl oder Kohle. Bei der richtigen Hitze fangen sie an zu brennen.

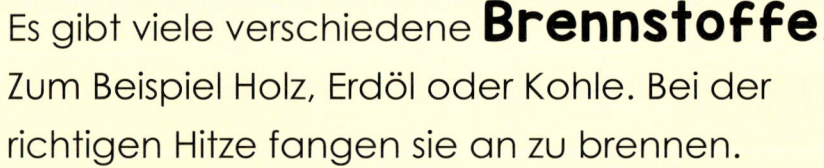

Wie fängt Feuer an zu brennen?

Man nehme als Brennstoff zum Beispiel **Holz**.
Holz fängt bei 300 Grad an zu brennen.
Man **erhitze** das Holz auf 300 Grad.
Einmal **Sauerstoff** dazugeben.
Fertig ist das Feuer.

Sollen wir das mal ausprobieren?

Ach so, ich habe noch was vergessen.
Um Feuer zu machen, braucht man
übrigens immer einen **Erwachsenen**.
Komm mit. Wir machen ein Lagerfeuer.

Ganz schön viel zu merken:
ein **Erwachsener**, ein **brennender**
Stoff, ein saurer Stoff ...
Sauerstoff, meine ich.

Anleitung für ein Lagerfeuer

Du brauchst:

Dunkelheit

mindestens einen Erwachsenen

Brennstoff

eine Gitarre (Nein, nicht als Brennstoff!)

Streichhözer

1 Fuchs

Stockbrot

gute Gruselgeschichten

ein paar Freund

Auch ein Lagerfeuer braucht ein Zuhause. Es darf nicht wandern. Lege außen Steine herum. In die Mitte Erde und ein paar dünne Stöckchen.

Der Erwachsene zündet Birkenrinde und dünne Stöckchen an. Mit einem Blasebalg hilft man dem Feuer, mehr Sauerstoff zu bekommen.

Wenn das Feuer gut angebrannt ist, gibt ein Erwachsener dickere Äste dazu. So wird das Feuer schön groß und man kann Stockbrot backen.

War das schön. Und ich reise erst weiter, wenn die letzte Glut aus ist. Denn schon ein Funke kann zu einem neuen Feuer führen.

Feuer löschen

Aua. Mein schönes **Fuchsfell**! Danke fürs **Löschen**, Julian. Was hätte ich nur ohne dich gemacht?

Komm, wir kühlen dein Fell. Damit es so schön **feuerrot** bleibt.

Sprich mir nicht von Feuer. Dann tut es gleich wieder weh.

Du hast übrigens alles richtig gemacht. Wenn deine Kleidung Feuer fängt, musst du unbedingt laut „Hilfe" **schreien**. Und **versuchen**, das Feuer sofort mit Wasser zu **löschen**.

Und wenn das nicht geht?

Versuch deine Kleidung auszuziehen. Du kannst dich auch **schnell** auf dem Boden hin und her rollen. Dann **erstickst** du das Feuer. Aber ruf unbedingt nach Hilfe. Denn Feuer brennt sehr **schnell**.

Alles klar. **Löscht** man eigentlich immer mit Wasser?

Wasser kühlt gut und **entzieht** dem Feuer die Hitze. Aber es gibt auch **Situationen**, da ist Wasser gar nicht gut.

Jetzt will ich alles übers **Löschen** wissen. Kommst du mit?

Die drei Zutaten für Feuer kennst du ja. Wenn man Feuer löschen will, nimmt man eine der drei Zutaten raus. **Welche**, hängt davon ab, **was** brennt. Schau mal.

SAUERSTOFF · HITZE · z.B. **HOLZ**

3 - 1 = GELÖSCHT!

1

Bei großen **Waldbränden** nimmt man den Brennstoff raus. Es werden Bäume gefällt, damit das Feuer keine Nahrung mehr hat.

2

Kleinere Brände lassen sich gut mit Wasser löschen. Man nimmt die Hitze aus dem Gemisch. Der **Wasserstrahl** sollte unten in die Glut treffen. Dort kühlt er am besten.

3 Könnte Öl im Feuer sein? Dann auf keinen Fall mit Wasser löschen! Wasser kann zu einer Explosion führen. Falls möglich: Deckel drauf und das Feuer **ersticken**. Ohne Sauerstoff kein Feuer.

Aber das **Wichtigste** ist: dein Leben!
Wahre Helden rennen weg. Und rufen so schnell wie möglich die Feuerwehr.

4

Der Notruf ist **112**. Du erreichst die Feuerwehr auch ohne Guthaben auf dem Handy.

5 Jetzt ist Konzentration gefragt:
Was ist passiert?
Wo ist das Feuer?
Wer? Sind Menschen in Gefahr?
Warten! Nicht gleich auflegen.
Vielleicht muss die Feuerwehr noch etwas von dir wissen.

Wie? Bist du ein echter **Feuerwehrmann**?
Darfst du auch Feuer löschen?

Ich bin eine echte Feuerwehrfrau.
Klar, darf ich Feuer löschen.
Löschzüge fahren, ins Feuer gehen:
Ich mache genau das Gleiche wie die Jungs.

Was macht ihr denn sonst noch so?

Wir retten Menschen – und Tiere.
Bei einem **Autounfall** sägen wir
zum Beispiel die Türen auf.
Wir sorgen dafür, dass die Sanitäter
zu den Verletzten kommen.
Unser Motto ist: **Löschen**, retten,
bergen*, **schützen**.

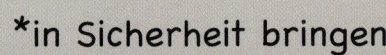

*in Sicherheit bringen

Und was musst du dafür können?

Das **Wichtigste** ist:
Keine Panik. Du musst ruhig
bleiben und Mut haben.
Und du musst Kartoffeln
schälen können.

RINGRINGRI

Kartoffeln schälen?
Wieso denn das?

Erklär ich dir später.
Das war der Alarm. **Schnapp** dir
deinen Helm. Bei der Feuerwehr
musst du dich schnell anziehen.
Bei Alarm heißt es: Stange
runter, in die **Schutzkleidung**
und losfahren. Dafür haben wir
genau 30 Sekunden.

Wasser marsch!

OHNE ENDE WASSER

Ha, nimm das, du Feuer!

1

Wenn es brennt, teilen sich die Feuerwehrleute auf. Die einen löschen. Die anderen gehen in das **Gebäude**. Sie helfen Menschen, die nicht alleine rauskommen.

2

Noch gefährlicher als das Feuer ist der Rauch. Er ist sehr giftig. Das hält man nicht lange aus.

3

Die Retter ziehen sich **Atemschutzmasken** an. Auch für die Opfer haben sie welche dabei.

Weißer Rauch ist ein gutes Zeichen. Dann siegt der **Wasserdampf** über das Feuer. Er kühlt und nimmt dem Feuer die Energie.

4

Das war toll. Ich will auch zur Feuerwehr. Und was war jetzt mit den Kartoffeln?

Bei der Feuerwehr sind wir ein Team – 24 Stunden lang. Wir kochen, essen und lachen zusammen. Das geht nicht ohne Kartoffeln schälen!

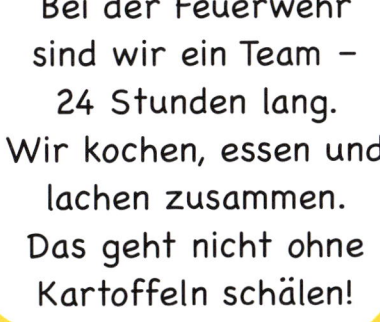

Feuertiere

Die Federn des Feuervogels glühen rot, orange und gelb. Sie sind sehr kostbar. Eine Feder kann retten, aber auch Unglück bringen.

Wow, was für tolle **Feuerwesen**! Zwei der Tiere gibt es wirklich.

Der Feuerfuchs ist kein Fuchs, sondern eine Mischung aus **Marder**, **Stinktier** und **Waschbär**. Er kann kein Feuer **spucken** und ist ziemlich schüchtern. Aber wenn er verliebt ist, singt er **Liebeslieder**.

Sprich mich Fönix.

3 Auch der **Phoenix** ist ein Vogel. Er kann mehrere Hundert Jahre alt werden. Wenn er schon ganz **schrumpelig** ist, verbrennt er. Aus seiner Asche entsteht ein neuer **Phoenix**.

4

So **furchterregend** sieht der **Feuersalamander** doch gar nicht aus, oder? Aber wegen seiner Färbung war er den Menschen lange unheimlich. Man erzählte sich viele Geschichten über ihn. Er sei giftig und böse. Er lebe im Feuer, ohne zu verbrennen. Manche sagten sogar, er sei das Feuer.

Also, was denkt ihr? Wen gibt es wirklich? Gar nicht so einfach, oder? Die Lösung gibt es auf Seite 43.

Seine Majestät, der Drache!

Über ihn gibt es überall auf
der Welt **Geschichten**.
Er ist der Kaiser der magischen Tiere.
Er ist riesig.
Er hat ein, zwei, drei oder sieben
Köpfe. Aber am allerwichtigsten:
Er kann fliegen und Feuer spucken.

Darf ich vorstellen?
Das Tier, zu dem
es die **allermeiste**
Geschichten gibt.

GEGEN
GEWALT!

In vielen alten Geschichten ist der Drache böse.
Er verbrennt Land und klaut Jungfrauen.
Bis er von heldenhaften Rittern besiegt wird.

Seit 500 Jahren gibt es in Furth im Wald den **Drachenstich**. Jedes Jahr muss der größte Drache der Welt besiegt werden. Klar, dass es in Furth auch ein **Drachenmuseum** gibt.

David, Drachen-Kenner: „Ich liebe Drachen. Sie sind sehr klug. Einen Drachen kann man nicht anlügen. In vielen neuen **Geschichten** sind Drachen gute Tiere. Oft müssen sie das **Feuerspucken** erst noch lernen. Und ihr Feuer ist keine Gefahr. Es wärmt die Menschen."

Wie der Vulkan zu seinem Namen kam

Die alten Römer hatten eine Menge Götter.

Manche waren ziemlich gemein.

Ja, **Vulcanus** war nicht gerade der **Schönste**.

Aber mussten ihn die anderen deswegen auslachen?

Seine Mutter **schmiss** ihn sogar vom **Olymp.**✖

Seitdem konnte er nicht mehr richtig laufen.

Aber er konnte mit Feuer umgehen.

Er **schmiedete** Schwerter, Kronen und Rüstungen.

Und er tat das alles unter der Erde.

Manchmal wurde er beim **Schmieden** wütend.

Dann bogen sich nicht nur die Schwerter.

Die ganze Erde **wölbte** sich auf.

Heraus schoss das Feuer des Vulcanus.

*OLYMP: WOHNORT DER GÖTTER

33

Unter der Erde ist es **unglaublich** heiß.
Ab 3.000 Grad Celsius brennen sogar Steine.
Sie werden zu **flüssigem** Magma.
Wenn zu viel Druck entsteht, bricht das Magma aus.
Es schießt durch den Krater nach draußen.

KRATER

Sobald die Magma aus dem
Erdinneren bricht, kühlt sie ab.
Dann nennt man sie Lava.
Kühl ist sie dann aber immer
noch nicht: Lava rollt mit
ungefähr 1.000 Grad Celsius
den Berg herunter. Alles, was
ihr in den Weg kommt, fängt
an zu brennen. Aber die
Lava selbst ist kein Feuer,
sondern **geschmolzener**
Stein. Wenn sie sich
abgekühlt hat,
verwandelt sie sich
in festen Stein.

1000°c

MAGMASTROM

MAGMA-
KAMMER

3000°c

Unglaublich.
Der Vulkan spuckt Asche.
Bloß weg.

Lava und Magma im Vergleich

Ein sehr heißer Sommertag	40	Grad Celsius
Wachs schmilzt bei	65	Grad Celsius
Wasser kocht bei	100	Grad Celsius
Zeitung entzündet sich bei	240	Grad Celsius
Glas lässt sich kneten bei	600	Grad Celsius
Lava hat	1.000	Grad Celsius
Magma glüht bei	3.000	Grad Celsius

Wunder Feuer

Mit dem Feuer kam das Licht. Mit **Fackeln** oder **Öllampen** konnte man auch nach Sonnenuntergang noch etwas sehen. Früher musste man auf den Straßen im Dunkeln seine eigene **Fackel** dabeihaben.

Kochen

Kartoffeln oder **Stockbrot** im Lagerfeuer backen ist toll. Früher kochten die Menschen ihr Essen über einem offenen Feuer im Haus. Das war nicht so toll. Denn der Rauch zog nur sehr **schlecht** ab.

Töpferei

Nicht nur das Essen wurde im Feuer gebraten. Auch Teller und **Schüsseln** werden im Feuer hergestellt. Bis heute brennen Töpfer **Geschirr** aus Ton im Ofen.

Heizung

Die Römer erfanden die **Fußbodenheizung**.
Unter **Steinplatten** brannten große Feuer. Durch Röhren
unter dem Boden wurde die Hitze **weitergeleitet**.

Wo ich hingucke,
nur Feuer!

Leuchtfeuer

Wegweiser Feuer: Schon
vor 2.000 Jahren wurde der
erste **Leuchtturm** gebaut.
Die Feuer in den
Leuchttürmen zeigten
den Schiffen den Weg.

Eisen und Stahl

In **Hochöfen** kann man Feuer auf über
1.000 Grad Celsius erhitzen. Heiß genug, um aus **Erzen**
Eisen zu machen. Daraus konnte man dann Messer,
Waffen und Hufeisen **schmieden**.

Das große Finale

Hochverehrtes Publikum!
Es ist mir eine große Ehre, euch heute
zum **magischen Feuerfest** zu **begrüßen**
Eines kann ich euch **verraten**: Es wird
heiß und es wird **spannend**.

Hier sind sie schon,
die **Feuerspucker**. Und die **Schlucker**.
Wer macht was? Und **schluckt** der
Spucker – Feuer? Und wie?
Wie macht er das?

Feuerspucker sind die Drachen unter den Menschen. Sie **spucken** Brandmittel gegen eine Fackel. Doch wenn sie sich **verschlucken**, landen sie im Krankenhaus.

Feuerschlucker schlucken auch kein Feuer. Es sieht nur so aus. Sie führen eine **brennende** Fackel in ihren Mund. Dabei geht dem Feuer der **Sauerstoff** aus.

Alles sehr schwer und hochgefährlich! Nur bei ausgebildeten Künstlern toll anzuschauen.

Schon im Mittelalter haben **Gaukler** mit Fackeln **jongliert**. Und für jede Menge **Nervenkitzel** gesorgt.

Begrüßt jetzt mit
mir den Star des Abends:
das Feuerwerk!
1.200 Jahre alt und
wunderschön!

Feuerwerk bringt Glück.
Und es vertreibt die bösen **Geister**.
Wenn man **Abstand** hält und die
Experten machen lässt, kann man
es in Ruhe bewundern.

Ciao Freunde.
Und bis ganz bald,
zu einer neuen Folge
im Club
der Leseforscher.

In Australien dauert
das Feuerwerk an
Silvester 12 Minuten.
Pro Minute Feuerwerk
hat man einen
Monat lang Glück.

Das große Feuer-Quiz

Ich bin jetzt ein echter Feuer-Fuch... Du auch? Dann kreuz die richtige Antworten an.

1. Der Fenchel und das Feuer

Wer brachte den Menschen das Feuer? Jedenfalls einer alten Sage nach.

a Fuchs

b Prometheus

c Zeus

2. In der Steinzeit

Welcher Satz passt zu diesem Bild?

a Mit Feuer konnten die Menschen wilde Tiere fernhalten.

b Endlich kochen! Bis zur Entdeckung des Feuers gab es nur Rohkost.

c Feuer war die erste Heizung der Menschen.

3. Eine Dose Feuer

Welcher Satz ist falsch?

a Menschen, Füchse und Pflanzen brauchen Brennstoff zum Atmen.

b Feuer braucht Sauerstoff zum Brennen.

4. Anleitung für ein Lagerfeuer

Worum handelt es sich hier?

a Feuer-Forscher

b Glut

c Stockbrot

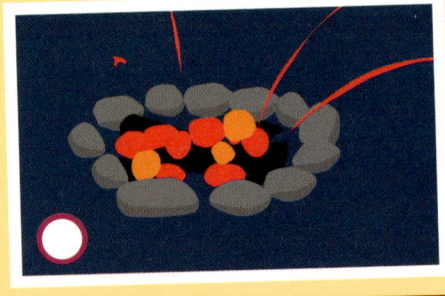

5. Vulkane

Welcher Satz stimmt?

a Lava besteht aus Feuer.

b Lava besteht aus geschmolzenem Stein.

7. 112 – Bei der Feuerwehr

Welcher Satz stimmt nicht?

a Bei der Feuerwehr muss man Mut haben.

b Bei Alarm muss man sich schnell anziehen.

c Frauen dürfen nicht zur Feuerwehr.

8. Feuertiere

Welche Tiere gibt es nur in Geschichten?

a Feuervogel

b Feuersalamander

c Feuerfuchs

d Phoenix

10. Das große Finale

Um wen handelt es sich hier?

a Feuerschlucker

b Feuerspucker

6. Feuer löschen

Die Pfanne brennt.
Welche beiden Reaktionen sind richtig?

a Deckel auf die Pfanne und das Feuer ersticken

b Weglaufen, Tür zuschlagen und 112 anrufen

c Wasser auf die Pfanne gießen

9. Wunder Feuer

Welcher Satz passt zu diesem Bild?

a Bis heute brennen Töpfer Geschirr aus Ton im Ofen.

b Kartoffeln oder Stockbrot im Lagerfeuer backen ist toll.

Trage deinen Namen auf der Urkunde ein.

Auf www.ueberreuter.de kannst du dir die Urkunde auch herunterladen.